W0223803

fromage blanc, fromage frais et yaourt

Pour faire la différence : tout est question d'ingrédients, bien sûr, mais aussi de température et d'égouttage.

Fromage blanc et **fromage frais** sont obtenus à partir de lait auquel on ajoute de la présure et un ferment lactique. La préparation est gardée à une température n'excédant pas 35 °C, pendant 4 à 15 heures, voire plus. À la bonne température, présure et ferment lactique font cailler le lait.

Avec du lait UHT, on obtient du fromage blanc.

Avec du lait frais pasteurisé, le lait caille plus fort et un petit-lait (liquide) se sépare franchement de la masse caillée. Une fois égouttée, cette masse caillée donne du fromage frais. Plus l'égouttage est long et important (pressage), plus le fromage obtenu est sec et compact.

Le **yaourt**, quant à lui, est obtenu à partir de lait auquel ne sont ajoutés que des ferments lactiques (lactobacillus bulgaricus et streptococcus thermophilus). La préparation est gardée à une température d'environ 40 °C, pendant 4 à 12 heures. Il n'est pas égoutté.

Teneur en protéines du yaourt : 5 g pour 100 g.

Teneur en protéines du fromage blanc : 8 g pour 100 g.

Teneur calorique du fromage blanc (30 % de matière grasse) : environ 120 calories pour 100 g.

fromages frais maison

CATHY YTAK

Photographies de David Japy
Stylisme de Natacha Arnoult

LES PETITS PLATS
MARABOUT
ORIGINAUX & AUTHENTIQUES
DEPUIS L'AN 2000

sommaire

tous les fromages

recettes salées

recettes sucrées

46

22

70

24

42

30

36

les ingrédients

Pour réaliser fromages blancs et fromages frais, lait, présure et ferment lactique sont requis. Voilà ce qu'il faut savoir pour bien les utiliser.

le lait

Le lait doit être choisi avec soin. Selon le lait utilisé, vous obtiendriez des fromages différents.

- Le lait entier donne de meilleurs résultats.

- Le lait UHT (longue conservation) donne un fromage blanc qui reste assez souple.

- Pour obtenir un fromage blanc de type faisselle ou caillé, il faut utiliser du lait frais pasteurisé, du lait microfiltré ou du lait cru (dit « lait de ferme »). Ces laits se gardent au réfrigérateur. Le lait cru doit impérativement bouillir, puis être refroidi avant d'être utilisé.

- Privilégiez l'utilisation de lait biologique, exempt de pesticides et d'antibiotiques.

- Vous pouvez utiliser du lait de vache, de chèvre ou de brebis (plus difficile à trouver). Vous pouvez aussi mélanger lait de vache et lait de chèvre.

- Le lait de soja donne aussi du fromage frais.

la présure

La présure d'origine animale provient du quatrième estomac, appelé aussi « caillette », de jeunes ruminants non sevrés. On la trouve en pharmacie, sous forme de petit tube compte-gouttes. Elle se conserve au réfrigérateur.

Quelques gouttes suffisent pour faire cailler 1 litre de lait, et donnent un fromage blanc doux et onctueux. Une fois la présure ajoutée au lait, remuez-le le moins possible.

On peut remplacer la présure par :

- du jus de citron : 3 cuillerées à soupe ou ½ citron permettent de faire cailler 1 litre de lait rapidement. C'est un caillé très sec, parfait pour les fromages pressés (paneer).

- du vinaigre, dans les mêmes proportions que le jus de citron.

- du nigari (en magasin asiatique ou biologique). Il s'agit de chlorure de magnésium en paillettes. La dose habituelle est de 2 grosses cuillerées à café diluées dans 4 cuillerées à soupe d'eau. On l'utilise principalement pour le tofu. On trouve aussi le chlorure de magnésium en pharmacie, en sachet de 20 g (même dosage que le nigari).

le ferment lactique

- Pour la première tournée, on peut utiliser un petit-suisse du commerce, ou 100 g de fromage blanc frais lisse ou en faisselle, de préférence biologique.

- Ensuite, il suffit de garder le petit-lait des tournées précédentes : 120 ml de petit-lait suffisent pour faire cailler 1 litre ou 1,5 litre de lait, ajouté à la présure.

- Le petit-lait se conserve au frais pendant 3 jours. Vous pouvez également le congeler.

Il existe aussi des sachets de présure en poudre et ferments lactiques prêts à l'emploi pour fromage frais (en magasin bio) ; pratiques mais assez onéreux.

PRESURE

comment faire son fromage ?

5 étapes de base

1. Mélanger le lait et le ferment lactique.
2. Faire tiédir (jamais plus de 35 °C).
3. Ajouter la présure.
4. Laisser reposer à température constante, soit en fromagère, soit dans une cocotte en fonte.
5. Égoutter.

avec ou sans fromagère ?

Les fromagères se présentent comme des yaourtières et fonctionnent sur le même principe : munies d'une résistance électrique, elles permettent de garder la préparation à la bonne température et à l'abri des courants d'air, pendant le temps voulu.

Préférez les fromagères qui vous laissent le choix entre l'utilisation de petites faisselles (en général au nombre de quatre), ou d'une grande (pour 1,5 litre de lait). Les petites faisselles sont particulièrement adaptées à la préparation de fromage demi-sec. Certaines fromagères proposent un système d'égouttage de faisselles, bien pratique.

Toutes les recettes peuvent également être réalisées dans une cocotte en fonte. Récupérez alors des faisselles en plastique du commerce (avec leur pot). Le résultat obtenu est un peu moins ferme, mais particulièrement doux (voir recette page 16).

ustensiles complémentaires

- De l'étamine, mousseline, gaze ou tissu très fin, pour l'égouttage et le pressage de certains fromages.
- Un thermomètre de cuisine, gradué jusqu'à 100 °C (nécessaire uniquement pour certaines recettes).

il faut du temps !

Les temps indiqués dans les recettes sont donnés à titre indicatif. Ils peuvent varier considérablement selon les fromagères, le lait, la température extérieure et le type de ferment lactique ou de présure choisis.

La première tournée est toujours la plus longue. Ne vous inquiétez pas si le fromage obtenu n'est pas très ferme, même au bout de 15 heures. Les tournées

suivantes – surtout si vous utilisez du petit-lait – seront bien plus solides et plus rapides.

Il est conseillé de changer de ferment – en reprenant du fromage blanc, de la faisselle ou du petit-suisse du commerce, à 30 % de matière grasse –, toutes les 6 ou 7 tournées, ou quand le fromage prend un goût un peu acide.

les quantités

Avec 1 litre de lait entier, on obtient environ :

- 400 g de fromage blanc ;
- entre 200 et 300 g de fromage en faisselle (selon l'égouttage) ;
- environ 150 g de fromage demi-sec.

Plus le lait est gras, plus les fromages seront gros.

Sauf mention particulière, les recettes sont données pour 4 personnes, et le lait utilisé est du lait de vache.

les astuces

hygiène

Toute manipulation de produits laitiers exige une hygiène parfaite. Respectez les dates de péremption.

Tous les ustensiles qui servent à la réalisation des fromages (faisselles, fouet, saladier…) doivent être d'une propreté irréprochable. Lavez-les avec du produit vaisselle après utilisation et repassez-les à l'eau très chaude, sans détergent, juste avant de les utiliser.

température

La température extérieure joue beaucoup dans la formation du fromage. En hiver, placez la fromagère à l'abri du froid et des courants d'air. N'y touchez pas tant qu'elle est en marche.

Le lait doit être tiède, mais non chaud. Ne dépassez pas 35 °C. Il vaut mieux un lait un peu trop froid que trop chaud. Néanmoins, en dessous de 10 °C, la présure n'opère plus.

mélange

Vous pouvez fouetter le mélange fromage blanc (qui sert de ferment) et lait, ou petit-lait et lait, avant de le faire tiédir. Par contre, une fois la présure ajoutée, remuez le moins possible la préparation.

égouttage

Le fromage tout frais est parfois un peu mou. Laissez-le s'égoutter. Ne le remuez pas dans la faisselle au risque de le voir disparaître par les trous.

Pour l'égouttage, il est également possible d'utiliser des étamines, des mousselines ou de la gaze (en pharmacie). Lavez soigneusement la gaze à l'eau et au savon avant la première utilisation.

le petit-lait

Congelez le petit-lait de vos premières tournées en en mettant 120 ml par sac de congélation : soit exactement ce dont vous aurez besoin pour réensemencer une tournée.

Le petit-lait peut également être utilisé dans des recettes de pain ou de pâte à crêpes.

problèmes et solutions

Si vous obtenez un fromage blanc ou une faisselle trop liquide, dont le petit-lait se sépare mal :

- Allongez le temps de prise. Si au bout de 15 heures le fromage n'est pas fait, remettez la fromagère sur 5 heures.
- Ajoutez 1 c. à c. de jus de citron à la préparation.
- Ajoutez 1 ou 2 gouttes de présure.
- Changez de lait : prenez du lait frais pasteurisé entier plutôt que du lait UHT. Le lait écrémé ou demi-écrémé donne toujours un fromage moins ferme et moins volumineux, avec un goût plus acide.

Si au contraire, votre fromage en faisselle est trop ferme ou un peu granuleux :

- Réduisez la quantité de présure et laissez-le moins longtemps dans la fromagère.
- Faites-le moins égoutter.
- Ajoutez du petit-lait ou du lait pour le détendre.

POUR ENVIRON 400 G - PRÉPARATION 10 MINUTES - EN FROMAGÈRE 10 À 15 HEURES
ÉGOUTTAGE 30 MINUTES + 1 HEURE MINIMUM AU RÉFRIGÉRATEUR

fromage blanc nature

Ce fromage blanc rend peu de petit-lait, il reste très souple. Une valeur sûre !

première tournée :

1 litre de lait entier UHT, bio de préférence
6 à 8 gouttes de présure
1 petit-suisse ou 100 g de fromage blanc lisse ou en faisselle, à 30 % de matière grasse minimum

tournées suivantes :

1 litre de lait entier UHT, bio de préférence
5 gouttes de présure
100 g de fromage blanc pris sur la tournée précédente

AVEC FROMAGÈRE

première tournée :

1. Faites tiédir le lait à 30 °C avec le petit-suisse ou le fromage blanc. Mélangez soigneusement. Ajoutez 6 à 8 gouttes de présure. Remuez le moins possible. Versez dans les faisselles et leur pot sans mettre de couvercle et placez dans la fromagère. Laissez 15 heures.

2. Une fois le fromage blanc fait, sortez les faisselles de la fromagère, laissez-les s'égoutter 30 minutes à l'air libre, puis mettez-les au réfrigérateur où elles continueront à s'égoutter jusqu'au moment de servir.

tournées suivantes :

1. Faites tiédir le lait à 30 °C avec 100 g de fromage blanc pris de la tournée précédente. Ajoutez 5 gouttes de présure. Remuez le moins possible. Versez dans les faisselles et leur pot sans mettre de couvercle et placez dans la fromagère. Laissez entre 10 et 15 heures.

2. Une fois le fromage blanc fait, sortez les faisselles de la fromagère, laissez-les s'égoutter 30 minutes à l'air libre, puis mettez-les au réfrigérateur où elles continueront à s'égoutter jusqu'au moment de servir.

3. Au bout de 5 ou 6 tournées, reprenez 1 petit-suisse ou du fromage blanc du commerce comme ferment.

POUR ENVIRON 400 G - PRÉPARATION 5 MINUTES - EN FROMAGÈRE 15 HEURES - ÉGOUTTAGE 30 MINUTES + 1 HEURE MINIMUM AU RÉFRIGÉRATEUR

fromage blanc au lait de soja

Un fromage blanc extrêmement crémeux !

1 litre de lait de soja nature (ni enrichi, ni sucré), bio de préférence
4 gouttes de présure
100 g de yaourt au lait de soja nature, du commerce ou fait maison

AVEC FROMAGÈRE

1. Faites tiédir le lait de soja à 30 °C avec le yaourt au soja et mélangez bien. Ajoutez la présure. Versez dans les faisselles et leur pot et branchez la fromagère sur 15 heures.
2. Une fois les fromages faits, mettez les faisselles au réfrigérateur en position d'égouttage jusqu'au moment de servir.
3. Dégustez votre fromage blanc avec un peu de sucre à la vanille, de la confiture, du miel ou du sirop d'érable.

tournées suivantes :

Les tournées suivantes se réaliseront exactement de la même manière. Pensez à garder 100 g de fromage de la tournée précédente en guise de ferment.

Certains laits de soja (notamment enrichis ou sucrés) ne conviennent pas à la réalisation de fromage frais. Si vous n'obtenez pas le résultat escompté, changez de marque de lait de soja.

POUR 200 À 300 G - PRÉPARATION 5 MINUTES - EN FROMAGÈRE 15 HEURES
ÉGOUTTAGE 30 MINUTES + 1 HEURE MINIMUM AU RÉFRIGÉRATEUR

faisselle nature

La recette de base de tous vos fromages un peu plus secs.

première tournée :

1 litre de lait frais pasteurisé entier, bio de préférence
4 gouttes de présure
100 g de fromage blanc du commerce à 30 % de matière grasse, lisse ou en faisselle, bio de préférence, ou 1 petit-suisse

tournées suivantes :

1 litre de lait frais pasteurisé entier, bio de préférence
4 gouttes de présure
120 ml de petit-lait de la tournée précédente ou 100 g de fromage frais

AVEC FROMAGÈRE

première tournée :

1. Mélangez le petit-suisse ou le fromage blanc avec le lait et faites tiédir à 30 °C. Ajoutez 4 gouttes de présure. Versez dans les faisselles et leur pot en remuant le moins possible. Branchez la fromagère sur 15 heures.

2. Une fois le fromage fait, le petit-lait s'est séparé du caillé. Conservez le petit-lait pour les tournées suivantes.

3. Laissez les faisselles s'égoutter 30 minutes à l'air libre, puis mettez-les au réfrigérateur où elles continueront à s'égoutter jusqu'au moment de servir.

tournées suivantes :

1. Mélangez le petit-lait ou le fromage pris de la tournée précédente avec le lait, et faites tiédir à 30 °C. Ajoutez 4 gouttes de présure. Versez dans les faisselles et leur pot en remuant le moins possible.

2. Branchez la fromagère sur 10 heures. Procédez ensuite comme pour la première tournée.

Il faut entre 4 et 6 heures d'égouttage pour obtenir une faisselle moelleuse, au moins 24 heures pour une faisselle un peu plus sèche. Si vous obtenez une faisselle trop sèche, réduisez la présure à 3 gouttes et laissez le fromage entre 8 et 10 heures dans la fromagère. Vous pouvez conserver les faisselles 5 à 7 jours au réfrigérateur. Au-delà, il faudra les saler pour assurer leur conservation.

POUR 200 À 300 G - PRÉPARATION 5 MINUTES - TEMPS DE PRISE 6 À 15 HEURES
ÉGOUTTAGE 30 MINUTES + 1 HEURE MINIMUM AU RÉFRIGÉRATEUR

fromage en faisselle sans fromagère

Il est tout à fait possible de réaliser ses faisselles dans une cocotte en fonte. Pratique si l'on n'a pas de fromagère !

1 litre de lait frais pasteurisé entier, bio de préférence
5 gouttes de présure
1 petit-suisse ou 100 g de fromage blanc, lisse ou en faisselle, à 30 % de matière grasse minimum, ou 120 ml de petit-lait pris sur une tournée précédente

SANS FROMAGÈRE

1. Faites tiédir le lait à 30 °C avec le petit-suisse, le fromage blanc ou le petit-lait. Ajoutez la présure et remuez le moins possible.

2. Pendant ce temps, faites bouillir de l'eau dans une cocotte en fonte, puis jetez l'eau bouillante et remplacez-la par de l'eau à 40 °C.

3. Versez le lait tiédi dans des faisselles placées dans leur pot. Mettez les pots sans leur couvercle dans la cocotte en fonte bien chaude. Veillez à ce que l'eau ne déborde pas sur les faisselles ! Posez rapidement le couvercle sur la cocotte, puis recouvrez-la d'une couverture afin de la maintenir au chaud et à l'abri des courants d'air. Laissez-la pendant 12 heures sans la remuer.

4. Au bout de 10 heures environ, vérifiez si le fromage est prêt : un peu de petit-lait doit apparaître en surface.

5. Lorsque le fromage est fait, sortez les faisselles de la cocotte et laissez-les s'égoutter 30 minutes à l'air libre. Mettez ensuite les faisselles au réfrigérateur où elles continueront à s'égoutter.

Votre fromage sera un peu moins ferme qu'en fromagère, mais son goût sera particulièrement doux.

Récupérez des faisselles et leur pot en plastique du commerce.
En été ou par temps chaud, les temps de prise peuvent être beaucoup plus courts : de 6 à 10 heures. Réduisez alors la présure à 3 ou 4 gouttes.

POUR 200 À 300 G - PRÉPARATION 5 MINUTES - ÉGOUTTAGE 4 HEURES MINIMUM

fromage " à la grecque "

À base de yaourt et sans présure, il ne s'agit pas vraiment de fromage frais. Cependant, la consistance obtenue est très proche de celle d'un fromage blanc très doux.

500 g de yaourt nature non sucré, de préférence bio, fait maison ou acheté dans le commerce

1. Déposez un filtre à café en papier dans un entonnoir ou dans une passoire. Versez le yaourt dans le filtre et laissez-le s'égoutter 4 heures au réfrigérateur jusqu'à ce que la consistance épaississe.
2. Servez-le dans des ramequins et dégustez-le nature ou accompagné d'un peu de sucre, de confiture ou de miel.
3. Cette préparation doit être consommée dans les 48 heures.

Ce fromage est une base idéale pour des verrines, sucrées ou salées. Vous pouvez aussi l'utiliser pour la recette du tzatziki.

POUR 200 À 300 G - PRÉPARATION 5 MINUTES - TEMPS DE PRISE 30 MINUTES ENVIRON
ÉGOUTTAGE 1 HEURE + 1 HEURE MINIMUM AU RÉFRIGÉRATEUR

caillebotte à la fleur d'oranger

Un fromage rapide à faire, à déguster dans la journée.

1 litre de lait frais pasteurisé entier, bio de préférence
5 gouttes de présure
3 c. à s. de jus de citron frais
1 c. à s. d'eau de fleur d'oranger, bio de préférence

1. Faites chauffer le lait à 35 °C puis retirez la casserole du feu. Ajoutez la présure, le jus de citron et la fleur d'oranger. Laisser cailler pendant 30 minutes environ.

2. Dès que le petit-lait se sépare du caillé, évacuez-le en penchant doucement la casserole ; essayez de toucher le moins possible le caillé.

3. Laissez refroidir dans la casserole pendant 1 heure à l'air libre, puis mettez au réfrigérateur jusqu'au moment de servir.

4. Servez dans des petits bols en essayant de ne pas « casser » la masse caillée. Accompagnez d'un peu de sucre. Consommer cette caillebotte dans la journée.

Vous pouvez faire cette recette en utilisant ½ litre de lait de vache et ½ litre de lait de chèvre, pour un goût plus prononcé. Cette même recette peut être faite en fromagère, avec les proportions suivantes : 1 litre de lait frais entier pasteurisé tiédi à 30 °C, 4 gouttes de présure, 1 c. à s. de jus de citron. Laissez 5 heures dans la fromagère, puis laissez égoutter 2 à 4 heures au réfrigérateur et consommez dans la journée.

POUR 4 PETITS-SUISSES - PRÉPARATION 10 MINUTES + LE TEMPS DE PRÉPARATION DU FROMAGE FRAIS EN FAISSELLE
RÉFRIGÉRATION 3 HEURES MINIMUM

façon petit-suisse

Un grand classique, toujours aussi bon.

4 fromages frais en faisselle (page 14), égouttés pendant 48 heures au minimum
100 g environ de crème fraîche épaisse

1. Mettez les faisselles bien égouttées dans un saladier et pesez-les. Ajoutez le tiers de leur poids en crème fraîche épaisse.

2. Fouettez le tout jusqu'à obtenir un fromage twrès lisse. Laissez raffermir au réfrigérateur jusqu'au moment de servir.

3. Ces petits-suisses se gardent 3 à 4 jours au réfrigérateur, dans un récipient muni d'un couvercle.

Servez vos petits-suisses dans des mini-pots de yaourt, ou dans des petits pots en céramique.

fontainebleau

Un classique très raffiné, à déguster sans attendre.

200 g de fromage blanc (page 10), égoutté pendant 48 heures minimum
100 g de crème fraîche épaisse, bio de préférence
1 c. à c. de sucre glace
¼ de gousse de vanille

1. Grattez la gousse de vanille et recueillez les petites graines, ajoutez-les au fromage blanc.
2. Fouettez au batteur électrique la crème fraîche avec le sucre glace jusqu'à obtenir de la chantilly.
3. Mélangez délicatement la chantilly avec le fromage blanc.
4. Répartissez dans 4 petits pots garnis d'étamines.
Servez sans attendre.

Ne fouettez pas la crème fraîche trop longtemps au batteur électrique, sinon vous obtiendrez... du beurre !
Vous pouvez servir vos fontainebleaux accompagnés de fruits rouges (fraises ou framboises).

double-crème ou carré frais

Douceur absolue pour ce double-crème à tartiner, fondant et crémeux à souhait.

1 litre de lait entier pasteurisé, bio de préférence
100 g de crème fraîche épaisse
120 ml de petit-lait ou 100 g de fromage blanc
3 gouttes de présure
2 g de sel fin

1. Mélangez le lait avec la crème fraîche et le petit-lait ou le fromage blanc. Faites tiédir à 30 °C. Ajoutez la présure et versez le mélange dans la grande faisselle avec son pot, en remuant le moins possible. Laissez 15 heures en fromagère.

2. Une fois le fromage fait, laissez la faisselle s'égoutter 1 heure à l'air libre, puis placez-la au réfrigérateur où elle continuera à s'égoutter. Retirez le petit-lait à intervalle régulier, pendant au moins 24 heures. Vous obtenez alors environ 500 g de fromage frais.

3. Versez le fromage dans un saladier avec le sel et malaxez à l'aide d'une spatule. Placez-le dans des étamines ou gazes, puis déposez celles-ci dans de petits moules carrés qui donneront aux fromages leur forme définitive.

4. Laissez de nouveau s'égoutter pendant 24 heures.

Grâce à sa texture lisse, ce double-crème se tartine aisément. Assez proche du cream-cheese américain, il est aussi parfait pour les tartes au fromage. Il se conserve une semaine au réfrigérateur.

mascarpone

Spécialité italienne rendue célèbre par le tiramisu, le mascarpone peut également remplacer la crème fraîche dans toutes vos préparations culinaires.

500 ml de crème fraîche liquide, bio de préférence
2 c. à s. de jus de citron frais

1. Mettez la crème fraîche dans un récipient résistant à la chaleur, au bain-marie, et faites-la chauffer. Quand la crème atteint la température de 80 °C, ajoutez le jus de citron, et tournez sans arrêt pendant quelques minutes, jusqu'à ce que le mélange épaississe.
2. Mettez la préparation obtenue dans un saladier et laissez-la reposer 6 à 10 heures, le temps qu'un peu de petit-lait se forme en surface.
3. Placez alors la préparation dans une passoire ou un chinois garni d'une étamine, puis laissez s'égoutter au réfrigérateur pendant 12 heures au minimum.
4. Mettez ensuite le mascarpone dans un pot fermé. Il se gardera au réfrigérateur pendant 5 jours.

Dans un tiramisu ou avec une salade de fruits frais, tout simplement, un délice d'onctuosité !

cottage cheese

Très facile à réaliser, cette spécialité anglaise offre une texture granuleuse tout à fait caractéristique.

1 litre de lait frais pasteurisé entier, bio de préférence
3 c. à s. de jus de citron frais
100 g de fromage blanc crémeux (double-crème, page 26, ou façon petit-suisse, page 22)
1 pincée de sel

1. Faites chauffer le lait. Lorsqu'il arrive à ébullition, ajoutez le jus de citron. Le lait caille très rapidement. Laissez bouillir quelques instants jusqu'à ce que le caillé se détache bien du petit-lait.

2. Versez le caillé obtenu dans une étamine et pressez légèrement pour qu'il s'égoutte. Faites couler de l'eau froide sur l'étamine pour aider le caillé à se raffermir plus rapidement.

3. Dans un saladier, battez le fromage blanc crémeux avec le sel. S'il est trop épais, détendez-le avec un peu de lait.

4. Ajoutez le caillé pressé (il doit être granuleux), rafraîchi et bien égoutté, puis mélangez délicatement. Placez votre cottage cheese au réfrigérateur, dans une faisselle.

5. Ce fromage se garde 3 à 4 jours au réfrigérateur.

Vous pouvez le consommer nature, ou y ajouter des fines herbes, du sel ou du poivre. Vous pouvez également l'utiliser en accompagnement de salades ou dans des quiches.

POUR 1 BROUSSE D'ENVIRON 140 G - PRÉPARATION 10 MINUTES - ÉGOUTTAGE 2 HEURES

brousse au miel

Choisissez du miel d'acacia pour accompagner cette faisselle sèche, au lait de chèvre et de vache.

½ litre de lait frais pasteurisé entier de vache, bio de préférence
½ litre de lait de chèvre
3 c. à s. de jus de citron frais
1 bonne c. à s. de miel d'acacia

1. Faites chauffer les deux laits. Lorsqu'ils arrivent à ébullition, ajoutez le jus de citron. Le lait commence à cailler. Laissez bouillir quelques instants pour que le petit-lait se sépare bien du caillé.

2. Versez dans une étamine placée sur une passoire. Rassemblez les quatre coins de l'étamine, et suspendez-la au-dessus de l'évier. Laissez s'égoutter de cette manière, sans presser, pendant 1 heure, puis placez la brousse obtenue dans une faisselle, au réfrigérateur, de nouveau pendant 1 heure minimum.

3. Émiettez grossièrement la brousse et ajoutez-y une bonne cuillerée à soupe de miel d'acacia. Dégustez sans attendre.

4. Cette brousse doit être consommée dans la journée.

Cette brousse peut également être réalisée dans certaines fromagères anciennes (qui chauffent beaucoup) : mélangez ½ litre de lait frais pasteurisé entier de vache et ½ litre de lait de chèvre. Faites-les tiédir à 30 °C avec 120 ml de petit-lait. Ajoutez 6 gouttes de présure. Mettez dans la fromagère pendant 6 à 8 heures. Quand le petit-lait s'est séparé de la masse caillée, laissez-le s'égoutter en faisselle pendant 24 heures, au réfrigérateur.

POUR 4 PETITS FROMAGES D'ENVIRON 40 G CHACUN - PRÉPARATION 5 MINUTES + LE TEMPS DE PRÉPARATION DE LA FAISSELLE - ÉGOUTTAGE 5 JOURS - SALAGE 4 JOURS

petit fromage demi-sec

Un classique du plateau de fromage, version maison !

4 petits fromages en faisselle (page 14)
sel

SANS FROMAGÈRE

1. Préparez d'abord le fromage frais en faisselle. Laissez égoutter pendant 5 jours dans sa faisselle et son pot, au réfrigérateur, en vidant régulièrement le petit-lait.

2. Au bout de 5 jours, renversez délicatement la faisselle sur un petit tapis de gaze ou une étamine repliée sur une assiette. Salez le dessus. Au bout de 3 ou 4 heures, si les gazes sont déjà mouillées, remplacez-les et remettez au réfrigérateur.

3. Le lendemain, retournez le fromage (attention, à ce stade, il est encore très mou) et salez l'autre côté. Renouvelez l'opération 24 heures plus tard, puis une dernière fois le jour suivant.

4. Le fromage est prêt à être dégusté 24 heures après le dernier salage. Servez-le saupoudré de graines de carvi ou d'herbes de Provence.

Essayez avec des faisselles au lait de chèvre, ou mi-vache mi-chèvre, pour un fromage plus typé. Si vous avez une cave, vous pouvez y installer votre fromage afin qu'il s'affine, en continuant à le retourner tous les jours. Entre 15 jours et 3 semaines sont nécessaires pour obtenir un fromage « affiné », mais beaucoup d'éléments entrent en ligne de compte (température, aération, qualité du lait...) pour obtenir un résultat optimal.

fromage de chèvre demi-sec

Réalisé très rapidement avec du petit-lait d'une tournée précédente, ce fromage ne demande ni citron ni présure.

½ litre de lait de chèvre
½ litre de petit-lait de chèvre ou de vache, prélevé sur une tournée précédente
1 pincée de sel

1. Dans une casserole, faites chauffer le lait de chèvre avec le petit-lait et le sel. Portez l'ensemble tout doucement à ébullition. Laissez bouillir quelques minutes, retirez la casserole du feu et laissez refroidir.
2. Versez le caillé obtenu dans une étamine mise sur une passoire ou un chinois, jusqu'à ce que le petit-lait s'évacue. Pressez un peu l'étamine entre vos mains pour éliminer encore du petit-lait, puis mettez le fromage dans une faisselle qui lui donnera sa forme, en le tassant un peu. Laissez s'égoutter au réfrigérateur jusqu'au moment de servir.
3. Démoulez et servez.
4. Ce petit chèvre, au goût prononcé, ressemble à un fromage demi-sec, mais doit être consommé dans la journée.

Vous pouvez le servir nappé de miel d'acacia ou accompagné de quelques figues fraîches.
Il est idéal pour une recette rapide de bouchées aux fromages.

fromage pressé (paneer)

Ce fromage pressé, grand classique de la cuisine indienne, est très rapide à réaliser, sans présure ni ferment lactique. Il se prête à de multiples recettes, aussi bien sucrées que salées.

1 litre de lait entier UHT, bio de préférence
3 c. à s. de jus de citron

1. Faites chauffer le lait. Lorsqu'il arrive à ébullition, ajoutez le jus de citron. Le lait caille aussitôt. Laissez bouillir quelques instants afin que le petit-lait se sépare bien.

2. Versez sur une étamine ou un linge très fin, mis sur une passoire. Rassemblez sans attendre les quatre coins de l'étamine et tordez-la afin d'évacuer un maximum de petit-lait. Faites couler un peu d'eau froide dessus, pour ne pas vous brûler. Formez une boule très compacte.

3. Gardez la boule bien serrée dans l'étamine et placez le tout sur une planchette de bois, dans l'évier. Mettez un poids dessus (un plat rempli d'eau fera l'affaire) pour l'aplatir, et laissez s'égoutter ainsi pendant 10 minutes environ. Retournez le fromage et remettez-le sous poids pendant 10 minutes.

4. Retirez délicatement l'étamine et placez le fromage formé au réfrigérateur, dans un récipient rempli d'eau. Le fromage doit baigner dans l'eau et en être recouvert. Il va encore se raffermir. Il se garde dans l'eau pendant 3 jours maximum.

5. Au moment de le servir, coupez le fromage pressé en petits cubes et faites-les revenir à la poêle, dans un peu d'huile d'olive ou de tournesol, jusqu'à ce qu'ils soient bien dorés.

tofu

Le lait de soja permet de confectionner du tofu, à utiliser comme le fromage pressé.

1 litre de lait de soja nature
(ni enrichi ni sucré), bio de préférence
2 grosses c. à c. de nigari, dilué
dans 4 c. à s. d'eau

1. Portez le lait de soja à ébullition et ajoutez le nigari dilué dans l'eau. Le lait caille aussitôt. Au besoin, laissez bouillir quelques instants.

2. Versez sur une étamine ou un linge très fin, mis sur une passoire. Rassemblez sans attendre les quatre coins de l'étamine, et tordez-la pour évacuer un maximum de petit-lait. Vous pouvez faire couler un filet d'eau dessus, pour ne pas vous brûler.

3. Formez une boule très compacte, toujours dans l'étamine. Placez le tout sur une planchette de bois, dans l'évier. Mettez un poids dessus (un plat rempli d'eau fera l'affaire), et laissez s'égoutter ainsi pendant 10 minutes environ. Retourner la galette de tofu et remettez-la sous poids pendant 10 minutes.

4. Enlevez délicatement l'étamine et placez le tofu au réfrigérateur, dans un récipient rempli d'eau. Il va encore se raffermir.

5. Ce tofu se garde 3 jours au réfrigérateur. Veillez à ce qu'il soit toujours recouvert d'eau.

Cuisinez le tofu comme le fromage pressé, grillé à la poêle, ou bien plongez-le dans une soupe claire, avec des herbes aromatiques ou du curry.
Le nigari se trouve dans les épiceries asiatiques ou les magasins bio. Vous pouvez le remplacer par du chlorure de magnésium en poudre (en pharmacie), à utiliser dans les mêmes proportions.

POUR 1 BOULE D'ENVIRON 40 G - PRÉPARATION 30 MINUTES - REPOS 1 HEURE

mozzarella

Il est tout à fait possible de réaliser soi-même sa mozzarella, à condition de bien respecter les températures requises.

1 litre de lait frais pasteurisé entier, bio de préférence
7 gouttes de présure
2 c. à s. de jus de citron frais

1. Portez le lait à la température de 35 °C, puis retirez la casserole du feu. Ajoutez le jus de citron et la présure. Attendez que le caillé commence à se former. Au besoin, pratiquez quelques incisions dans le caillé. Laissez reposer 30 minutes à 1 heure.

2. Remettez sur le feu et laissez la température monter à 40 °C. Le petit-lait va franchement se séparer de la masse caillée.

3. Déposez une étamine sur une passoire et la passoire sur un saladier (pour récupérer le petit-lait). Versez le contenu de la casserole dans l'étamine, puis tordez et pressez l'étamine. Prenez ensuite le fromage caillé dans vos mains et formez une boule compacte.

4. Versez le petit-lait récupéré dans une casserole et faites chauffer à 80 °C. Mettez dedans la boule de caillé quelques instants, puis sortez-la, malaxez-la et étirez-la à l'aide d'une spatule, puis à la main quand la masse est moins chaude.

5. Renouvelez l'opération, en remettant la boule dans le petit-lait chaud, puis en la malaxant de nouveau. Vous obtenez une boule très compacte et élastique. Laissez-la refroidir dans un bol d'eau froide salée.

Votre mozzarella sera délicieuse sur une pizza ou dans vos salades estivales. Elle se conserve 48 heures au réfrigérateur, recouverte d'eau salée.

petites sauces au fromage blanc

À présenter en apéritif ou en entrée légère, accompagnées de crackers ou de gressini.

baies rouges et noix de pécan

100 g de fromage blanc (page 10)
12 baies rouges
8 noix de pécan hachées
un filet d'huile d'olive
sel
noix de pécan pour décorer

herbes aromatiques et graines de tournesol

100 g de fromage blanc (page 10)
½ c. à c. de ciboulette
½ c. à c. de coriandre
½ c. à c. d'aneth
½ c. à c. de persil
1 c. à s. de graines de tournesol grillées
un filet d'huile d'olive
sel
aneth et graines de tournesol pour décorer

pavot et pistaches

100 g de fromage blanc (page 10)
1 c. à c. de graines de pavot bleu
2 pincées d'origan séché
1 c. à s. de pistaches hachées
un filet d'huile d'olive
sel
pistaches et graines de pavots pour décorer

curry et noix de cajou

100 g de fromage blanc (page 10)
½ c. à c. de curry en poudre
une dizaine de noix de cajou
un filet d'huile d'olive
sel, poivre
coriandre fraîche pour décorer

Mélangez soigneusement tous les ingrédients, arrosez d'huile d'olive, puis décorez le dessus.

POUR 4 PERSONNES - PRÉPARATION 10 MINUTES
+ PRÉPARATION DE LA FAISSELLE OU DU FROMAGE DEMI-SEC

faisselle aux olives sésame-aneth-moutarde

150 g de faisselle (page 14), égouttée pendant 3 ou 4 jours, ou du fromage demi-sec (page 34)
une dizaine d'olives vertes
2 c. à c. de graines de sésame
1 c. à c. de moutarde forte
1 c. à c. d'aneth haché, frais ou surgelé
sel, poivre

1. Dénoyautez et hachez les olives.

2. Mélangez le fromage frais avec la moutarde et l'aneth, ajoutez les graines de sésame légèrement grillées à la poêle à sec, puis les olives. Assaisonner.

3. Servez sur du pain de campagne grillé.

POUR 4 PERSONNES - PRÉPARATION 15 MINUTES
+ PRÉPARATION DE LA FAISSELLE

" cervelle de canut "

300 g de faisselle (page 14), bien égouttée pendant 24 heures minimum
1 échalote
1 c. à s. de persil
1 c. à s. de ciboulette
1 c. à s. de cerfeuil
1 c. à s. de crème fraîche épaisse
1 c. à s. d'huile d'olive
quelques gouttes de vinaigre de Xérès
sel, poivre

1. Coupez l'échalote en petits morceaux. Ciselez les fines herbes. Ajoutez l'huile d'olive, la crème fraîche et quelques gouttes de vinaigre de Xérès.

2. Mélangez tous ces ingrédients avec le fromage frais à l'aide d'une spatule, sans fouetter. Salez et poivrez.

3. Placez au réfrigérateur et servez très frais, accompagné de tranches de pain de campagne grillées.

POUR 4 PERSONNES - PRÉPARATION 15 MINUTES
+ PRÉPARATION DE LA FAISSELLE

faisselle aux harengs et à la betterave

300 g de faisselle (page 14), bien égouttée
3 filets de harengs fumés
1 betterave cuite
1 pomme
6 petits cornichons
1 petit oignon rouge
1 c. à c. d'huile d'olive
ciboulette
sel, poivre

1. Coupez les filets de harengs en lanières, la betterave et la pomme en petits dés. Coupez les cornichons en rondelles ainsi que l'oignon.

2. Mélangez tous les ingrédients avec la faisselle, ajoutez un filet d'huile d'olive, sans fouetter.

3. Salez, poivrez et saupoudrez de ciboulette hachée.

POUR 4 PERSONNES - PRÉPARATION 15 MINUTES
+ PRÉPARATION DE LA FAISSELLE

tarama aux œufs de saumon

200 g de faisselle (page 14), bien égouttée pendant 4 jours environ
70 g d'œufs de saumon (semi-conserve, rayon frais des grandes surfaces)
50 g de pain de mie sans la croûte, bio de préférence
1 c. à s. d'huile d'olive
1 c. à s. de jus de citron
sel, poivre

1. À l'aide d'un mixeur plongeant ou d'un blender, mixez la moitié des œufs de saumon avec la moitié de la faisselle, le pain de mie, l'huile d'olive et le jus de citron.

2. Une fois le mélange bien lisse, ajoutez le reste de faisselle et d'œufs de saumon et mélangez délicatement, sans fouetter.

3. Salez et poivrez. Rectifiez l'assaisonnement si besoin.

POUR 4 PERSONNES - PRÉPARATION 15 MINUTES + LE TEMPS DE PRÉPARATION DU FROMAGE FRAIS - REPOS 1 HEURE

tzatziki

Cette recette se fait avec du fromage à la grecque, mais vous pouvez aussi la réaliser avec du fromage blanc crémeux (double-crème) ou du fromage en faisselle très bien égoutté.

300 g de fromage à la grecque (page 18) ou de fromage blanc crémeux (double-crème, page 26)
100 g de concombre
3 c. à s. d'huile d'olive
1 gousse d'ail
1 c. à c. de vinaigre
1 c. à s. de coriandre
1 c. à s. de menthe (facultatif)
sel, poivre

1. Épluchez le concombre, coupez-le en deux dans le sens de la longueur et retirez les graines du milieu à l'aide d'une petite cuillère. Taillez le reste en très petits dés. Ajoutez ½ cuillerée à café de sel fin et laissez dégorger au moins 1 heure dans un saladier.

2. Pendant ce temps, écrasez l'ail (après avoir enlevé le germe du milieu) dans un mortier avec 1 cuillerée à soupe d'huile d'olive et 1 pincée de sel, jusqu'à obtenir un mélange lisse et crémeux.

3. Essorez très soigneusement le concombre en le pressant dans vos mains, ne le rincez pas.

4. Dans un saladier, mélangez le concombre pressé, le fromage blanc bien égoutté et l'ail écrasé. Ajoutez petit à petit 2 cuillerées à soupe d'huile d'olive, le vinaigre, les herbes ciselées et le poivre. Mélangez soigneusement.

5. Rectifiez l'assaisonnement si besoin. Laissez au réfrigérateur 1 heure minimum avant de le servir.

Servez ce fromage très frais, à l'apéritif, accompagné de légumes crus.
Les herbes aromatiques surgelées, prêtes à l'emploi, font tout à fait l'affaire et sont très pratiques !

POUR 4 PERSONNES - PRÉPARATION 15 MINUTES + LE TEMPS DE PRÉPARATION DU FROMAGE FRAIS EN FAISSELLE - CUISSON 10 MINUTES

omelette soufflée au fromage frais

Une omelette qui cache bien son jeu, avec son centre crémeux de faisselle au poivre.

160 g de fromage frais en faisselle très égoutté (recette page 14) ou du fromage demi-sec (recette page 34)
6 œufs
½ c. à c. de curry en poudre
2 c. à c. de coriandre fraîche
2 c. à c. de ciboulette
40 g de pignons de pin
huile de tournesol
sel, poivre

1. Battez les jaunes d'œufs avec le curry, les herbes ciselées, les pignons de pin et 1 cuillerée à soupe d'eau tiède. Salez. Poivrez généreusement. Montez les blancs en neige très ferme. Incorporez les jaunes aux blancs en neige.

2. Versez la moitié de cette préparation dans une poêle huilée bien chaude. Lorsque le fond de l'omelette est presque cuit, recouvrez-la de la faisselle (ou du fromage demi-sec), très égouttée et bien poivrée. Versez par-dessus l'autre moitié de la préparation aux œufs. Continuez la cuisson sur feu doux. Retournez l'omelette et laissez cuire quelques minutes à feu vif.

3. Servez l'omelette sans attendre, parsemée de ciboulette.

POUR 1 PETIT FROMAGE - PRÉPARATION 10 MINUTES + LE TEMPS DE PRÉPARATION DU FROMAGE DEMI-SEC

tartare aux noix

Une délicieuse variante maison du fromage aux noix.

60 g de fromage demi-sec
mi-vache mi-chèvre
(page 34)
1 gousse d'ail
1 filet d'huile d'olive
5 noix hachées
quelques brins
de ciboulette
sel, poivre

1. Faites blanchir l'ail 1 minute, puis épluchez-le et écrasez-le.

2. À la fourchette, mélangez le fromage avec l'ail et la ciboulette. Arrosez d'huile d'olive, ajoutez les noix hachées grossièrement, salez et poivrez.

3. Replacez dans un petit moule garni d'une étamine, en tassant bien. Démoulez au moment de servir et décorez de ciboulette et de noix.

POUR 4 PERSONNES - PRÉPARATION 15 MINUTES + LE TEMPS DE PRÉPARATION DU FROMAGE DEMI-SEC - RÉFRIGÉRATION 1 HEURE

bouchées aux herbes et au cumin

Des petites bouchées de fromage épicées, à dévorer à l'apéritif !

4 petits fromages demi-secs (page 34)
1 c. à c. de paprika en poudre
1 c. à s. de graines de cumin ou de carvi
1 c. à s. de coriandre fraîche
1 c. à s. d'origan séché
sel, poivre

1. Écrasez doucement le fromage, salez et poivrez.

2. Formez de petites boules de la taille d'une noix, en les roulant délicatement dans vos mains. Roulez les boules obtenues dans l'épice ou l'herbe aromatique de votre choix. Laissez raffermir au réfrigérateur 1 heure minimum.

3. Ces petites bouchées se consomment dans la journée.

Vous pouvez aussi réaliser ces bouchées avec du fromage de chèvre sans présure (page 36), du fromage frais en faisselle (page 14), à condition que celui-ci soit très ferme et très bien égoutté, ou même de la brousse (page 32), si vous aimez le fromage plus granuleux.
Variez les épices (cardamome, gingembre, pavot...) et les herbes aromatiques (ciboulette, aneth...).

POUR 1 PETIT FROMAGE - PRÉPARATION 5 MINUTES (LA VEILLE) + LE TEMPS DE PRÉPARATION DU FROMAGE DEMI-SEC

chèvre demi-sec, cognac et raisins secs

Les fromages demi-secs s'accommodent de plusieurs manières. Cette recette est réservée aux adultes, et aux repas de fêtes !

1 fromage demi-sec (page 34)
20 g de raisins de Corinthe
1 bonne c. à c. de cognac

1. Mettez les raisins secs dans un petit bol. Recouvrez-les d'eau tiède et ajoutez le cognac. Laissez macérer toute une nuit.
2. Le lendemain, essorez soigneusement les raisins, mais ne jetez pas tout le jus.
3. Écrasez grossièrement le fromage demi-sec et ajoutez les raisins, puis un peu de jus au cognac.
4. Redonnez une forme au fromage et servez-le avec des cerneaux de noix.

Vous pouvez aussi couper le petit fromage en deux et le farcir de raisins secs, sans l'écraser.

3 petites idées pour le fromage pressé

Des recettes très simples à servir sans attendre.

au curry

2 fromages pressés (page 38)
½ c. à c. de curry en poudre
1 c. à s. d'huile de tournesol
sel, poivre

1. Coupez le fromage pressé en cubes et passez-les dans le curry.
2. Faites-les sauter à la poêle dans un peu d'huile chaude. Salez, poivrez.

aux épinards

2 fromages pressés (page 38)
1,5 kg d'épinards frais en branche
1 bonne pincée de gingembre en poudre
2 c. à s. d'huile d'olive
1 petit oignon
sel, poivre

1. Faites cuire les épinards jusqu'à ce qu'ils aient rendu leur eau et qu'ils soient tendres, puis hachez-les. Réservez.
2. Coupez le fromage pressé en cubes et faites-les sauter à la poêle dans un peu d'huile chaude avec l'oignon haché et le gingembre, salez et poivrez. Mélangez aux épinards.

sauce tomate et noix de cajou

2 fromages pressés (page 38)
1 c. à s. d'huile d'olive
200 g de tomates en dés en boîte
ou 3 tomates fraîches pelées et épépinées
1 c. à c. de curry en poudre
2 gousses d'ail pressées
1 c. à s. de persil
1 c. à s. de coriandre
une dizaine de noix de cajou
sel, poivre

1. Mettez les dés de tomates et leur jus, l'ail pressé, le persil, la coriandre et le curry dans une poêle. Laissez cuire à feu doux pendant 10 minutes, en remuant de temps en temps. Ajoutez les noix de cajou, salez et poivrez. Réservez.
2. Coupez le fromage pressé en cubes et faites-les sauter à la poêle dans un peu d'huile d'olive. Ajoutez la sauce.

POUR 4 PERSONNES - PRÉPARATION 5 MINUTES
+ PRÉPARATION DE LA FAISSELLE

faisselle, pomme, spéculoos

300 g de faisselle (page 14)
1 pomme
8 spéculoos
2 c. à c. de sucre roux

1. Épluchez et râpez grossièrement la pomme. Émiettez les spéculoos. Ajoutez le sucre roux, puis la faisselle.

2. Mélangez le tout soigneusement et servez sans attendre.

POUR 4 PERSONNES - PRÉPARATION 15 MINUTES
+ PRÉPARATION DE LA FAISSELLE

faisselle au coulis de mangue

4 petites faisselles très bien égouttées (page 14)
2 mangues bien mûres
2 pincées de cannelle
2 pincées de gingembre en poudre
2 pincées de vanille en poudre
1 c. à s. de jus de citron
2 c. à s. de sucre glace

1. Coupez les mangues en morceaux, et placez-les dans une casserole avec 1 cuillerée à soupe d'eau, la cannelle, le gingembre, la vanille et le jus de citron. Laissez cuire à feu très doux, jusqu'à ce que les mangues aient fondu. Mixez le tout avec le sucre glace et laissez refroidir.

2. Démoulez les fromages frais en faisselle et entourez-les de coulis de mangue bien froid.

POUR 4 PERSONNES - PRÉPARATION 5 MINUTES + PRÉPARATION DU FROMAGE BLANC

fromage blanc à la crème de marron

300 g de fromage blanc (page 10)
4 c. à s. de crème de marron en boîte
4 c. à s. de crème fraîche épaisse
4 c. à c. de brisures de marrons glacés

1. Préparez le fromage blanc selon la recette de base et laissez s'égoutter 4 à 6 heures.
2. Mélangez la crème de marron avec la crème fraîche épaisse. Déposez le mélange au fond de 4 verrines.
3. Mélangez le fromage blanc avec des brisures de marrons glacés. Ajoutez le fromage blanc sur la couche de crème de marron.

POUR 4 PERSONNES - PRÉPARATION 10 MINUTES + PRÉPARATION DU FROMAGE BLANC - TREMPAGE DES PRUNEAUX 12 HEURES

fromage crémeux aux pruneaux à l'armagnac

300 g de fromage blanc (page 10), égoutté pendant 24 heures minimum
80 g de crème fraîche épaisse
200 g de pruneaux d'Agen non dénoyautés
4 c. à s. d'armagnac dilué dans 250 ml d'eau tiède
30 g de sucre blond

1. Laissez infuser les pruneaux entiers dans l'eau additionnée d'armagnac pendant 12 heures.
2. Dénoyautez les pruneaux. Ajoutez le fromage blanc bien égoutté et le sucre.
3. Mixez le tout jusqu'à obtenir un mélange très lisse. Fouettez la crème fraîche, puis ajoutez-la au mélange.
4. Placez le tout au réfrigérateur et servez très froid.

POUR 4 PERSONNES - PRÉPARATION 10 MINUTES + LE TEMPS DE PRÉPARATION DU FROMAGE PRESSÉ

fromage pressé coco-pistaches

Une délicieuse recette sucrée de paneer !

1 fromage pressé (paneer) d'environ 150 g (page 38)
1 c. à s. de sucre blond
1 c. à s. de noix de coco râpée
une dizaine de pistaches hachées non salées

1. Écrasez le fromage pressé à la fourchette, ajoutez le sucre blond et la noix de coco.
2. Mettez le tout dans une poêle, sans matière grasse, et faites cuire 7 ou 8 minutes à feu doux, en remuant sans arrêt.
3. Versez la préparation dans un petit moule rond en tassant bien, parsemez de pistaches hachées et servez tiède.

Ce dessert, qui se sert traditionnellement en petite quantité, s'accompagne volontiers de gâteaux secs. Vous pouvez aussi utiliser du tofu pour cette recette.

POUR 4 À 6 PERSONNES - PRÉPARATION 30 MINUTES + LE TEMPS DE PRÉPARATION DU FROMAGE FRAIS EN FAISSELLE
REPOS 1 HEURE - CUISSON 30 MINUTES

tarte sucrée au fromage

Même si elle est un peu longue à réaliser, cette tarte somptueuse fait la joie des gourmands.

pâte brisée :

100 g de farine
70 g de beurre
30 g de sucre
1 petit œuf ou la moitié de 1 œuf battu
1 pincée de sel
un peu d'eau si besoin

garniture :

350 g de fromage en faisselle
très bien égoutté (page 14)
2 petits œufs
100 g de sucre
1 c. à c. de zeste de citron râpé
1 c. à c. de jus de citron frais

100 g de crème fraîche
20 g de sucre
1 c. à c. d'extrait de vanille

1. Préparez la pâte brisée en mélangeant tous les ingrédients et formez une boule. Laissez-la reposer au réfrigérateur pendant 1 heure.
2. Préchauffez le four à 210 °C. Étalez la pâte dans un moule légèrement beurré et fariné. Piquez le fond avec une fourchette et faites cuire à blanc pendant 5 minutes. Pour éviter que la pâte ne gonfle, mettez dessus un papier sulfurisé et des haricots secs.
3. Pendant ce temps, préparez la garniture. Dans un saladier, mélangez le fromage blanc avec le sucre, le jus de citron et le zeste. Ajoutez progressivement les œufs entiers, jusqu'à obtenir un mélange lisse. Versez cet appareil sur la pâte précuite et remettez au four, à 210 °C, pendant 10 minutes.
4. Fouettez la crème fraîche et l'extrait de vanille avec 20 g de sucre. Étalez ce mélange sur la tarte tout juste sortie du four. Réenfournez à 165 °C et laissez cuire encore 10 à 15 minutes. Le dessus doit rester assez blanc.
5. Laissez refroidir puis démoulez pour servir.

Pour réaliser un cheese-cake, remplacez la pâte brisée par un mélange de 150 g de gâteaux secs écrasés (spéculoos ou petits-beurre) avec 80 g de beurre fondu, bien tassé au fond du moule. Remplacez le fromage en faisselle par du double-crème (carré frais, page 26).

fiadone

Ce délicieux flan corse est traditionnellement réalisé avec de la brousse. En voici une variante à base de fromage de chèvre en faisselle parfumé au citron.

250 g de fromage en faisselle (page 14), fait avec 50 % de lait de vache et 50 % de lait de chèvre, égoutté pendant 4 ou 5 jours minimum
150 g de sucre + 1 sachet de sucre vanillé
3 œufs
le zeste de ½ citron râpé
1 c. à c. de Maïzena
1 pincée de sel
un peu de beurre pour le moule

1. Préchauffez le four à 210 °C.
2. Fouettez le sucre, le sucre vanillé et les œufs entiers dans un saladier jusqu'à obtenir un mélange mousseux. Ajoutez le fromage très égoutté, le zeste de citron, la Maïzena et le sel. Mélangez le tout très soigneusement.
3. Beurrez un moule et versez-y la préparation sur une épaisseur de 3 ou 4 cm. Baissez la température du four à 180 °C et enfournez aussitôt. Laissez cuire 45 minutes sans ouvrir le four. Le fiadone ne gonfle pas, il doit être doré sur les bords et la pointe d'un couteau doit en ressortir sèche.
4. Lorsqu'il est cuit, sortez le fiadone du four et laissez-le refroidir sur une grille, sans le démouler.
5. Gardez-le au réfrigérateur et servez-le froid.

Ajoutez à la préparation 1 cuillerée à café de limoncello ou, plus savoureux encore, 1 cuillerée à café de liqueur de cédrat.

POUR 1 TOURTEAU - PRÉPARATION 25 MINUTES - REPOS 1 HEURE + LE TEMPS DE PRÉPARATION DU FROMAGE FRAIS EN FAISSELLE
CUISSON 50 MINUTES

tourteau fromager

Une spécialité de l'ouest de la France, typique avec sa croûte toute noire si savoureuse !

pâte brisée :

100 g de farine
30 g de beurre
1 pincée de sel
un peu d'eau

garniture :

80 g de fromage en faisselle (page 14), fait avec 50 % de lait de vache et 50 % de lait de chèvre, égoutté pendant 3 ou 4 jours minimum
2 œufs
40 g de sucre
2 sachets de sucre vanillé
20 g de farine tamisée
1 pincée de sel

1. Mélangez rapidement la farine, le beurre coupé en petits morceaux et le sel, puis ajoutez de l'eau jusqu'à obtenir une pâte à tarte. Roulez en boule et laissez reposer au réfrigérateur pendant 1 heure.
2. Préchauffez le four à 230-240 °C ; il doit être très chaud.
3. Dans un saladier, fouettez les jaunes d'œufs avec le sucre et le sucre vanillé jusqu'à ce que le mélange blanchisse. Écrasez grossièrement le fromage frais et incorporez-le au mélange, puis ajoutez la farine et le sel. Dans un autre saladier, montez les blancs d'œufs en neige très ferme. Incorporez-y délicatement le mélange jaunes d'œufs-fromage.
4. Étalez la pâte brisée au rouleau et foncez un moule à tourteau légèrement beurré et fariné. Piquez le fond à l'aide d'une fourchette. Versez dessus la garniture. Enfournez pendant 10 minutes environ. Le dessus du tourteau doit alors gonfler et devenir très noir. Baissez le four à 200 °C et poursuivez la cuisson pendant 35 à 40 minutes sans ouvrir la porte du four.
5. Une fois la cuisson achevée, sortez le tourteau et attendez qu'il retombe un peu avant de le démouler. Servez froid.

Si vous n'avez pas de moule à tourteau (qui garantit une belle forme ronde), doublez les proportions et faites-le dans un moule à gâteau classique.

POUR 12 PETITS GÂTEAUX ENVIRON - PRÉPARATION 10 MINUTES + LE TEMPS DE PRÉPARATION DU FROMAGE FRAIS EN FAISSELLE
CUISSON 20 MINUTES

gâteau moelleux au fromage de chèvre

Un gâteau très léger, parfait pour le goûter ou un pique-nique.

250 g de fromage en faisselle (page 14), fait avec 50 % de lait de vache et 50 % de lait de chèvre, bien égoutté
250 g de farine
80 g de sucre en poudre
1 sachet de sucre vanillé
le zeste de 1 citron râpé
2 œufs
½ sachet de levure chimique
1 pincée de sel
un peu de lait

1. Écrasez le fromage grossièrement dans un saladier et ajoutez la farine, le sucre et le sucre vanillé, le zeste du citron, les œufs battus en omelette, la levure chimique et le sel. Si le mélange est trop sec, ajoutez un peu de lait.
2. Beurrez et farinez un moule. Remplissez-le aux trois quarts de la préparation, et mettez au four à 200 °C pendant 15 à 20 minutes.
3. Démoulez et laissez refroidir.

Pour de mini-moelleux, il existe des moules en silicone qui permettent de réaliser 6 petits gâteaux sur une seule plaque.

remerciements

À Éric, pour son soutien gourmand.

Merci à Florence et Yves Dubus, des épices Saravane®.

http://www.saravane.fr

shopping

Habitat, www.habitat.net

Conran Shop, 117 rue du Bac 75007 Paris, www.conranshop.fr

De Gilles, 156 rue de la Roquette 75011 Paris, www.degilles.com

Tous droits réservés. Toute reproduction ou utilisation de l'ouvrage sous quelque forme et par quelque moyen électronique, photocopie, enregistrement ou autre que ce soit est strictement interdite sans l'autorisation de l'éditeur.

© Hachette Livre (Marabout) 2010
Dépôt légal : août 2010
ISBN : 978-2-501-06584-9
4057279
Imprimé en Espagne par Graficas Estella